わたしは きっと小《こ》鳥《とり》

はやしゆみ詩集
渡辺あきお・絵

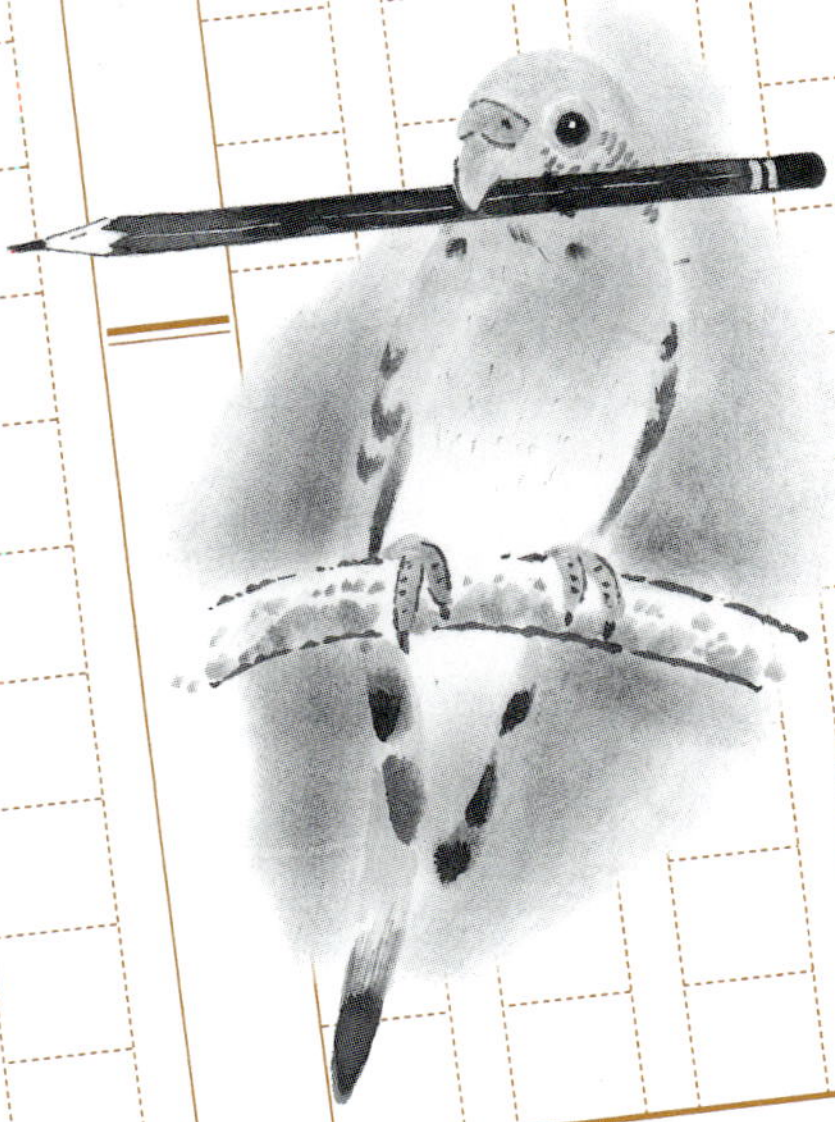

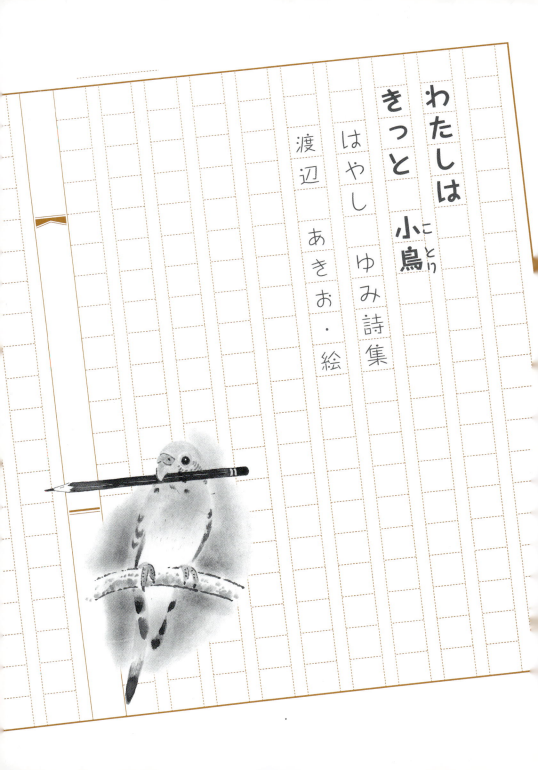

もくじ

I

I

星《ほし》

流《なが》れ星《ぼし》を一《ひと》つ数《かぞ》えるたびに
この心は天《てん》に届《とど》く
星明《あか》りを今《いま》ここに寄《よ》せ集《あつ》め
天にかえそう

星を眺《なが》めては
自分《じぶん》を見《み》つめる
ああ星の瞬《またた》きのさなかに
漆黒《しっこく》の暗闇《くらやみ》の星
輝《かがや》きを放《はな》つ

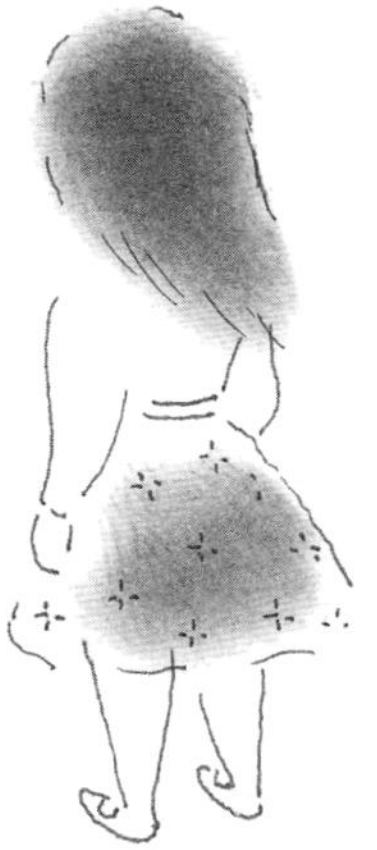

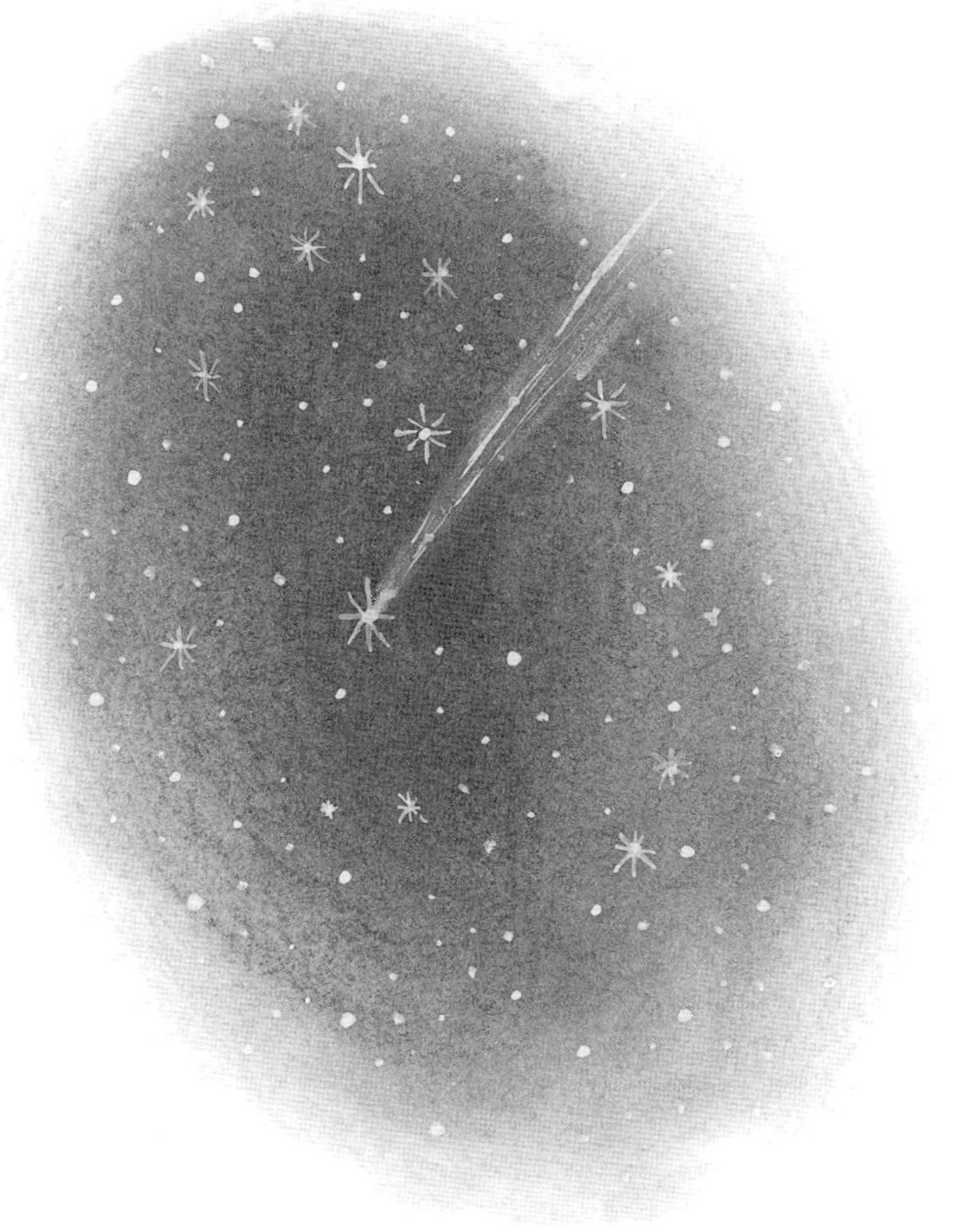

星の群《む》れに
ほらまた一つ流れ星
一瞬《いっしゅん》のきらめき
瞬きしているうちに
消《き》えてしまう

流れ星見ては
世《よ》の儚《はかな》さ　憂《うれ》える

星は光《ひかり》をこちらに届け
何《なに》を思《おも》うだろう
星の願《ねが》いはきっと
あなたに届くはず

星《ほし》　その2

太古《たいこ》の昔《むかし》から人《ひと》は星を読《よ》んだ
夜空《よぞら》に散《ち》らばる無数《むすう》の星たち

星に思《おも》いをはせるとき
人は童心《どうしん》に返《かえ》るのかもしれない

なぜなら星は願《ねが》いを叶《かな》えてくれるから
人は星に心《こころ》を開《ひら》く
惜《お》しげもなく

星は人の願いを
見届《みとど》ける

相変《あいか》わらず天高《てんたか》く輝《かがや》いて
星と人との距離《きょり》は
気《き》の遠《とお》くなるほどだけど
いつか必《かなら》ず
手《て》が届くはずだから

満天星《どうだんつつじ》

庭《にわ》に咲《さ》く花《はな》
満天星
名前《なまえ》の通《とお》り　白《しろ》い星《ほし》のような
小《ちい》さな花が　いっぱいに
集《あつ》まって咲く

植《う》えたばかりの頃《ころ》は
どんな花なんだろうと
思《おも》ったけど

可憐《かれん》な可愛《かわい》らしい花を見《み》て
とても癒《いや》された
秋《あき》には葉《は》の紅葉《こうよう》も楽《たの》しめて
この花の名前《なまえ》をつけた人《ひと》は
なんてロマンチスト

光《ひかり》

水《みず》と油《あぶら》は混《ま》じり合《あ》うことはない
日《ひ》と月《つき》
火《ひ》と水《みず》
互《たが》いに認《みと》め合《あ》うことはない
日光《にっこう》と月光《げっこう》は見《み》ず知《し》らずの仲《なか》

でも私《わたし》は知っている

日光は私に朝《あさ》の訪《おとず》れを
月光は私に夜《よる》の訪れを
知らせてくれる

日と月は出会《であ》うことを許《ゆる》されない
永遠《えいえん》の距離《きょり》

でも私は知っている

広大《こうだい》な宇宙《うちゅう》の暗闇《くらやみ》の中《なか》で
月は日の光を受《う》けて
輝《かがや》いているということを

私も誰《だれ》かの光を受けて
輝いているのだろうか
あるいはまた誰かを
輝かせているのだろうか

日が月を輝かせているように

星《ほし》の光《ひかり》

真暗《まっくら》な夜空《よぞら》に一《ひと》つだけ
光《ひか》る星が遠《とお》くにある

星の光は電灯《でんとう》や高層《こうそう》ビル
街灯《がいとう》の光が強《つよ》いから
最近《さいきん》ではよくみえなくなった

星の光は人間社会《にんげんしゃかい》と似《に》ている
強い人工的《じんこうてき》な光の方《ほう》が

よくかがやいてみえて
自然《しぜん》の星の光は
消《き》え入《い》りそうになっている

人工的な光と自然の光
残《のこ》るのはどちらだろうか

できれば自然の光も残るような
世《よ》の中《なか》になってほしいと
星に願《ねが》いをたくす

空《そら》を見《み》る

机《つくえ》の前《まえ》にある窓《まど》から
空を見る
歩《ある》いている時《とき》
空を見る
電車《でんしゃ》の窓から
空を見る
具合《ぐあい》の悪《わる》い時

空を見る

空は広《ひろ》くて
見ただけで
気分《きぶん》が良《よ》くなるから
つらい時悲《かな》しい時も
空を見る

すると
心《こころ》は空のように
広くて透《す》きとおった色《いろ》に
なれるような気がする
だから　私《わたし》は今日《きょう》も空を見る

彩雲《さいうん》

夕日《ゆうひ》の西日《にしび》が射《さ》しこむ窓《まど》
空《そら》を見《み》ると
夕日の横《よこ》に
虹色《にじいろ》がかった雲《くも》が見える
急《いそ》いで母《はは》を呼《よ》びに行《い》く
「あれは、虹ではなくて
彩雲だと思《おも》うよ。
お母《かあ》さんも初《はじ》めて見た。
とっても珍《めずら》しいもの。」と言《い》う

父《ちち》に見せようと思《おも》ったら
5分《ふん》としないうちに
消《き》えてしまった

ちょうど、まど・みちおさんの
詩集《ししゅう》を読《よ》んでいた時《とき》だった
まどさんの魂《たましい》を
神様《かみさま》が一瞬《いっしゅん》だけ
見せてくださったのかなと思った

木陰《こかげ》

真夏日《まなつび》のような暑《あつ》さの中《なか》
道《みち》を歩《ある》いていると
道に街路樹《がいろじゅ》の
木陰ができている

暑い日《ひ》には、木陰は涼《すず》しい

光《ひかり》と陰《かげ》
どちらも必要《ひつよう》だと気《き》づく

寒《さむ》い日の木陰は寒くて
暑い日の木陰は涼しい

人間《にんげん》の勝手《かって》な解釈《かいしゃく》だけれども
生《い》きていくには
どちらも必要なんだ

そして、それが自然《しぜん》と共《とも》に
暮《く》らしていくということなんだ

雨音《あまおと》

しとしとと降《ふ》る雨音は
自然《しぜん》の恵《めぐ》み
地《ち》に落《お》ちて
土《つち》の中《なか》に吸《す》い込《こ》まれていく
その水《みず》で、大地《だいち》はうるおい
草木《くさき》は花《はな》を咲《さ》かせる
何気《なにげ》ない日常《にちじょう》は
雨音によって

色付《いろづ》けられる
車《くるま》の走《はし》る音や
人工的《じんこうてき》な音に
囲《かこ》まれて過《す》ごす私《わたし》たちにとって
雨音は唯一《ゆいいつ》自然《しぜん》に我《われ》を
立《た》ち返《かえ》らせてくれる
貴重《きちょう》な音

そして、私たちも
自然の一部《いちぶ》なのだと
気付かせてくれる音

風鈴《ふうりん》

夏《なつ》になると
あちこちの家《いえ》から
風鈴の音《おと》がする

あぁ夏がきたんだなぁと
しみじみおもう

風鈴は夏の風《かぜ》を
教《おし》えてくれる

涼《すず》しげな音色《ねいろ》

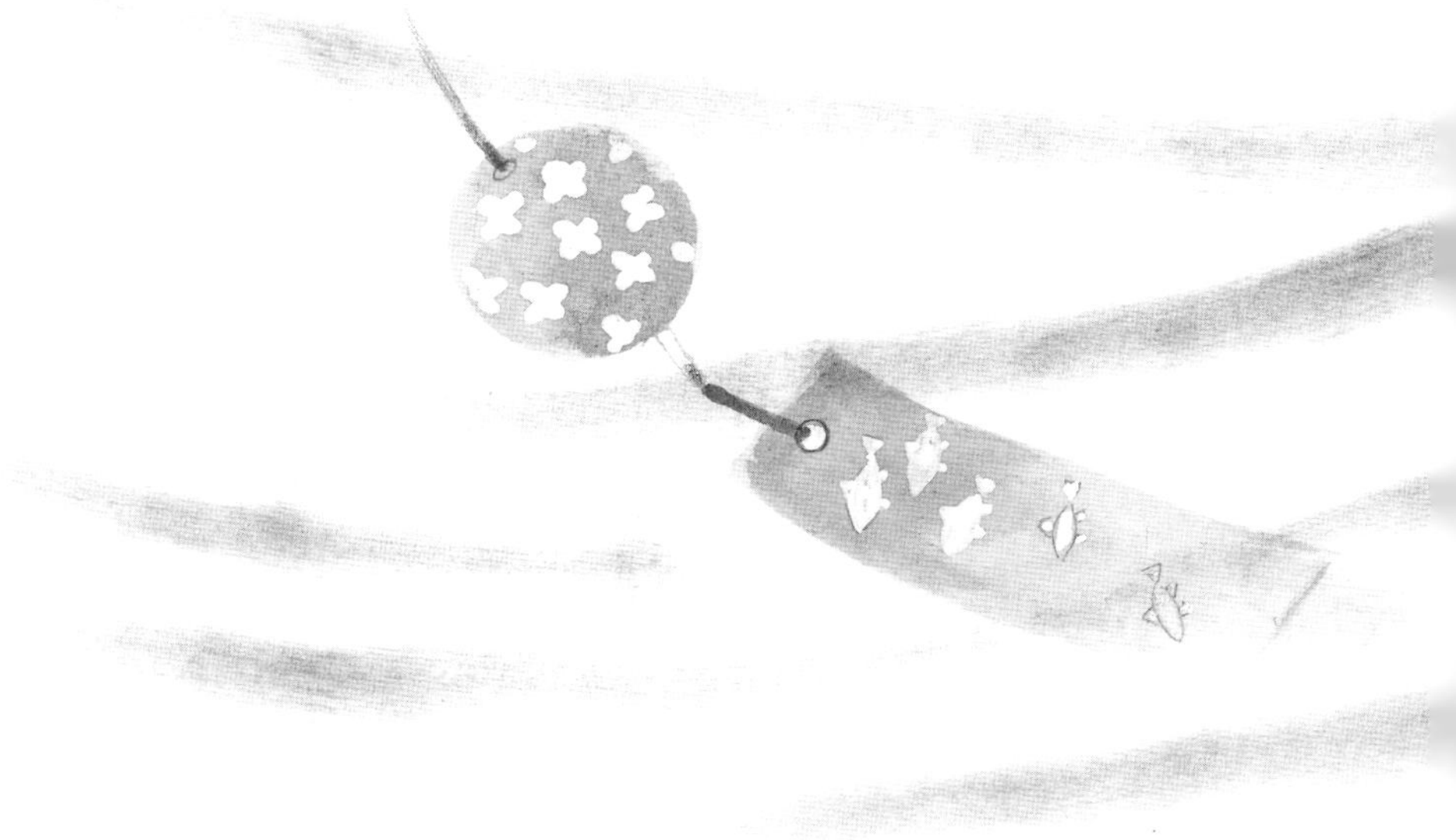

雪《ゆき》の下《した》

庭《にわ》に新《あたら》しい葉《は》が出《で》ている
あれは雪の下
亡《な》くなった祖母《そぼ》が
植《う》えてくれたもの

春《はる》が近《ちか》くなると
庭で一番《いちばん》に咲《さ》く花《はな》
地下《ちか》深《ふか》く根《ね》づいている

私《わたし》がこうして
生《い》きていられるのも
代々《だいだい》親《おや》がご先祖様《せんぞさま》が
そして神様《かみさま》が
生かしてくださっているから

だから、この命《いのち》は
無駄《むだ》にできない
大切《たいせつ》なもの

春《はる》の日差《ひざ》し

雲間《くもま》から差《さ》す
春の日差し

まぶしくて
キラキラと輝《かがや》いて
どこかへお出《で》かけしたくなりそうな
わくわくする日

寒《さむ》い冬《ふゆ》を経《へ》て
ようやく春がやってきた

待《ま》ちに待った春の日差しは
人《ひと》の心《こころ》もあたたかくしてしまう
不思議《ふしぎ》な力《ちから》がある

日の光《ひかり》に照《て》らされて
みんなが幸《しあわ》せになれると
良《い》いなぁと光を受《う》けながら
私《わたし》は考《かんが》えた

日差《ひざ》し

寒《さむ》さをやわらげてくれる日の光《ひかり》
心《こころ》の中《なか》までポカポカになる

たった一筋《ひとすじ》の日差しでさえ
人《ひと》の心をあたたかくしてくれる

たった一言《ひとこと》のあなたの優《やさ》しい言葉《ことば》で
人を救《すく》えることもある

言葉は優しさに満《み》ちていなければ
相手《あいて》に伝《つた》わらない
日差しのような言葉を
私がいつでも伝えられますように

水琴鈴《すいきんれい》

あるお寺《てら》で
水琴鈴という鈴《すず》を見《み》つけた
鳴《な》らしてみると
高《たか》い澄《す》んだ水《みず》の流《なが》れるような音《おと》がする

枕元《まくらもと》に置《お》いて
朝《あさ》の目《め》ざめに
水琴鈴をならしてみる

さわやかな気分《きぶん》になって
一日《いちにち》を過《す》ごすことができる

イヤなことがあった時《とき》も
水琴鈴をきくと
邪気《じゃき》が払《はら》われるようで
落《お》ち着《つ》いた心持《こころも》ちになる
不思議《ふしぎ》な鈴

秋《あき》の声《こえ》

お盆《ぼん》がすんだら
夜《よる》、外《そと》で秋の虫《むし》の声がする
高《たか》い声でないていて
どこにいたのだろうと思《おも》う
まだ自然《しぜん》の残《のこ》る家《いえ》の庭《にわ》から
秋の虫が
「はやく秋にならないかなぁ」と

ささやいているような気《き》がする

お守《まも》り

私《わたし》が病気《びょうき》だった時《とき》
母《はは》は実家《じっか》の近《ちか》くにあるお寺《てら》で
お守りを買《か》ってきてくれた

かめの形《かたち》のお守りで
ゆっくりあわてずのんびりと
と書《か》いてある

小《ちい》さな鈴《すず》もついている
可愛《かわい》いお守り

そうやって昔《むかし》から
親《おや》は子《こ》を心配《しんぱい》して
お守りができたのかな

夕暮《ゆうぐ》れ

毎日《まいにち》　異《こと》なる風景《ふうけい》を見《み》せる空《そら》
真赤《まっか》な夕焼《ゆうや》けの日《ひ》もあれば
どよ〜んと暗《くら》い雲《くも》に
おおわれた夕方《ゆうがた》もある

その日によって　違《ちが》うのです
変《か》わりやすい人《ひと》の心《こころ》のように……

幸《しあわ》せの形《かたち》

人《ひと》によって幸せの形は異《こと》なる
小《ちい》さな花《はな》を見《み》つけた時《とき》に
幸せを感《かん》じられる人もいれば
ただの雑草《ざっそう》にしか
見えない人もいる

病気《びょうき》になっても
心配《しんぱい》してくれる家族《かぞく》
やさしさのなかで

前向《まえむ》きになれる人もいる

なぜこんな病気になったのだろう?と
もんもんとするよりも

その時間《じかん》を　本《ほん》を読《よ》んだり
自然《しぜん》の草花《くさばな》に目《め》を向けることで
昇華《しょうか》されることだってできる

幸せはその人の心《こころ》しだいで
どうにでも変《か》わっていくものだと
私《わたし》は思《おも》う

II

小鳥《ことり》

小《ちい》さな頃《ころ》から
小鳥が大好《だいす》き

小学生《しょうがくせい》の頃
両親《りょうしん》に頼《たの》んで
小鳥を飼《か》ってもらった
セキセイインコ
一日中《いちにちじゅう》かごを見《み》ていても
すこしもあきることはない

大人《おとな》になってからも
インコを飼っている

小さな生《い》きものは
とてもいとおしい

朝起《あさお》きて　おはよう
寝《ね》る前《まえ》は　おやすみ

神様《かみさま》と小鳥に
あいさつして眠《ねむ》る

すずめ

小《ちい》さなすずめは
どこで雨宿《あまやど》りを
するのだろうか
寒《さむ》い冬《ふゆ》の日《ひ》は
どこにいるのだろうか

エサのない日や
台風《たいふう》の時《とき》には

どこにその身《み》を隠《かく》して
しのいでいるのだろう

野鳥《やちょう》からの贈《おく》りもの

毎朝《まいあさ》、庭《にわ》にいろんな野鳥がやってくる
小鳥《ことり》を飼《か》っている私《わたし》は
残《のこ》ったエサをまいているので
自然《しぜん》と集《あつ》まるようになった

その庭に
植《う》えた覚《おぼ》えのない
つつじが生《は》えている

「きっと、野鳥のフンに種《たね》が
入《はい》っていて、根付《ねづ》いちゃったのね」と
母《はは》は言《い》う

植木屋《うえきや》さんも、抜《ぬ》かずに
置《お》いておいてくれた

何色《なにいろ》の花《はな》が咲《さ》くのだろう?と
思《おも》っていたら
赤《あか》いつつじの花が
一輪《いちりん》咲いた

赤なんて珍《めずら》しい
道路《どうろ》に植えてあるのは
ピンクが多《おお》いから

野鳥から赤いつつじを
プレゼントされたなぁと思った

わたしはきっと小鳥《ことり》

もし、生《う》まれる前《まえ》は
何《なん》だったかときかれたら
わたしは迷《まよ》わず小鳥と応《こた》えるだろう
だって、小鳥とわたしは
とてもよく似《に》ているから
どこが似ているのって

きかれても
上手《うま》く応えられないけど
わたしはきっと小鳥だったと思《おも》う

それで、飛《と》んでばかりいて
こんどは地面《じめん》で暮《く》らしてみたいと
思ったから
今《いま》は人間《にんげん》なんだと思う

小鳥と目《め》が合《あ》うと
そんな気《き》がするの

バードウォッチング

私《わたし》の住《す》んでいる家《いえ》の周《まわ》りには
いろんな鳥《とり》がやってくる

バードウォッチングをする時《とき》に
気《き》をつけることは
あまり近寄《ちかよ》って見《み》ないこと

野鳥《やちょう》は警戒心《けいかいしん》が強《つよ》いので
ある程度《ていど》のキョリがないと
すぐに飛《と》んでいってしまう

珍《めずら》しい鳥ほど
そういうことには敏感《びんかん》で
人《ひと》に慣《な》れていないから
逃《に》げてしまう

自然体《しぜんたい》で、そのままの姿《すがた》で
見ていると
小鳥《ことり》は逃げたりしない

まるで、人見知《みし》りする
小さな子《こ》のような
小鳥たち

空《そら》の鳥《とり》

下《した》を向《む》いて歩《ある》いていると
空の上《うえ》から鳥の鳴《な》き声《ごえ》がする

フッと見《み》上《あ》げるその瞬間《しゅんかん》
私《わたし》の心《こころ》は空《そら》にある

下を向いて歩いていると
だんだんと気分《きぶん》が落《お》ち込《こ》んでくる

でも、上を見上げると
その瞬間
私の気分は　変《か》わって上を向《む》く

高《たか》い所《ところ》にいる鳥は
下を向く私たち人間《にんげん》を
空から呼《よ》びかけてくれる

まるで　天使《てんし》のように

インコの介護食《かいごしょく》

うちのインコのミックス君《くん》は
我《わ》が家《や》に来《き》て五年《ごねん》が経《た》った

ヒナの時《とき》に行《い》った鳥屋《とりや》さんで
インコのシニア食を発見《はっけん》した

よく見《み》ると、成鳥《せいちょう》して四年《よねん》以上《いじょう》経った
シニア用《よう》のインコのエサだとのこと

一つお試しで買《か》って
ミックス君に食《た》べさせると
まあ　よく食べること

そして　以前《いぜん》よりも元気《げんき》になって
家《いえ》の中《なか》を飛《と》び回《まわ》っている

インコの介護食で復活《ふっかつ》したミックス君

ペットの世界《せかい》も
充実《じゅうじつ》してきたのだなぁと思《おも》った

雀《すずめ》のお宿《やど》

毎朝《まいあさ》　雀にえさをあげるのが
日課《にっか》になってしまった私《わたし》

玄関先《げんかんさき》でにぎやかに
チュンチュンと鳴《な》く雀たちの
鳴き声《ごえ》を聴《き》いていると
とてもホッとする

私の母《はは》は、「ここを雀のお宿にしないでね」

と言《い》うけれども
すっかり雀のお宿に
なってしまっている
今年《ことし》は鳥インフルエンザが
流行《はや》らないと良《い》いなぁ
雀が死《し》ぬと
私はとても悲《かな》しいから

インコ

人《ひと》と違《ちが》って
動物《どうぶつ》は話《はな》すことができない
痛《いた》いと言《い》えない

だから　こちらが特《とく》に注意《ちゅうい》して
みてあげないと
手遅《ておく》れになってしまう

うちで育《そだ》てている

インコのミックス君《くん》を見《み》ていると
そのように思《おも》えてしまう
痛いと言えない生《い》きものは
かわいそうだと思う

Ⅲ

おわん

熱《あつ》いおみそしる
受《う》け入《い》れます
熱いお吸《す》いもの
受け入れます

だって　それがおわんの役目《やくめ》だもの
丸《まる》いおわんは
何《なん》でも受け入れます
心《こころ》の広《ひろ》い親《おや》のように

おはし

何《なん》でもつかみます
たった2本《ほん》でも

まるで　大地《だいち》を歩《ある》く
人間《にんげん》の２本足《あし》のように

おかゆ

冷《ひ》え症《しょう》で、すぐ下痢《げり》になってしまう
病弱《びょうじゃく》な私《わたし》に、母《はは》はいつも手作《てづく》りの
おかゆを作《つく》ってくれる

おかゆには、母の優《やさ》しい微笑《ほほえ》みが
ただよっている気《き》がして
お薬《くすり》よりも、身体《からだ》に良《い》い気がする

優しい母のぬくもりの味《あじ》がする

おかゆは、何杯《なんばい》おかわりしても
お腹《なか》がいっぱいにならないから不思議《ふしぎ》

身《み》も心《こころ》も温《あたた》まるおかゆは母の味
調味料《ちょうみりょう》は、母の優しさと愛情《あいじょう》

とってもおいしいおかゆを食《た》べて
元気《げんき》に詩《し》を作《つく》ろう

お米《こめ》

白《しろ》いお米
はじめはかたいけど
あたためると
ふっくらたきあがる

ほんのり甘《あま》くて
いつまでも味《あじ》わっていたい

お米は小《ちい》さな粒《つぶ》だけど

集《あつ》まると立派《りっぱ》なごはんに変身《へんしん》

ささやかな人気者《にんきもの》

おぞうに

お正月《しょうがつ》に食《た》べるおぞうに
今年《ことし》はおもちをいくつ入《い》れようか
考《かんが》え中《ちゅう》

にんじん、だいこん
里《さと》いも、ごぼう

白《しろ》いおみその中《なか》に
もりだくさん

だってお正月だもの
たくさん食《た》べて
今年も一年《いちねん》
頑張《がんば》りましょう

コーンスープ

母《はは》の手料理《てりょうり》の中《なか》で
一番《いちばん》おいしいのは
コーンスープ

小麦粉《こむぎこ》とバターで
下《した》ごしらえしてから
牛乳《ぎゅうにゅう》を入《い》れる
そして　つぶつぶのコーンを入れて
出来上《できあ》がり

甘口《あまくち》でまろやかで
なべいっぱいに作《つく》っても
すぐになくなってしまう
おいしいコーンスープ

たいやき

小学生《しょうがくせい》の頃《ころ》　スパルタ塾《じゅく》に
通《かよ》っていた私《わたし》

いつも成績《せいせき》が悪《わる》くて
落《お》ち込《こ》んでいた帰り道《みち》に
トラックで売《う》っている
たいやきがあった

とにかく甘《あま》いものが食《た》べたくて

屋台《やたい》のおじさんに
「たいやきください」と言《い》って
買《か》い食《ぐ》いをしていた

落ち込んだ気分《きぶん》が
たいやきを食べると
不思議《ふしぎ》と軽《かる》くなった

おせち料理《りょうり》

年末《ねんまつ》にちらしを見《み》ていると
おせち料理の広告《こうこく》が入《はい》っていた
私《わたし》は思《おも》い出《だ》す
おじいちゃんが生《い》きていた時《とき》のこと
おせち料理の説明《せつめい》をしていた声《こえ》を
「黒豆《くろまめ》はね。まめになりますようにって意味《いみ》で食《た》べるんだよ。

れんこんはね。見通《みとお》しが良《よ》くなりますように。」と
たくさん教《おし》えてくれたおじいちゃん
おせちのおかずの数《かず》だけ教えてもらった私
全部《ぜんぶ》は思い出せないけど
おじいちゃんのこと、ずっと覚《おぼ》えている

ろうそく

家《いえ》の仏壇《ぶつだん》でろうそくに火《ひ》をともす
お坊《ぼう》さんがお経《きょう》を読《よ》む
ろうそくが溶《と》けてなくなるまで

こんな時《とき》くらいしか
ろうそくを見《み》つめることはない

昔《むかし》はマッチでろうそくに
火をつけていた

次《つぎ》はライター
今《いま》はチャッカマン
カチッと押《お》すと火がつく
ろうそくは変《か》わらないけど
火をつける道具《どうぐ》は変わってきた
時代《じだい》とともに

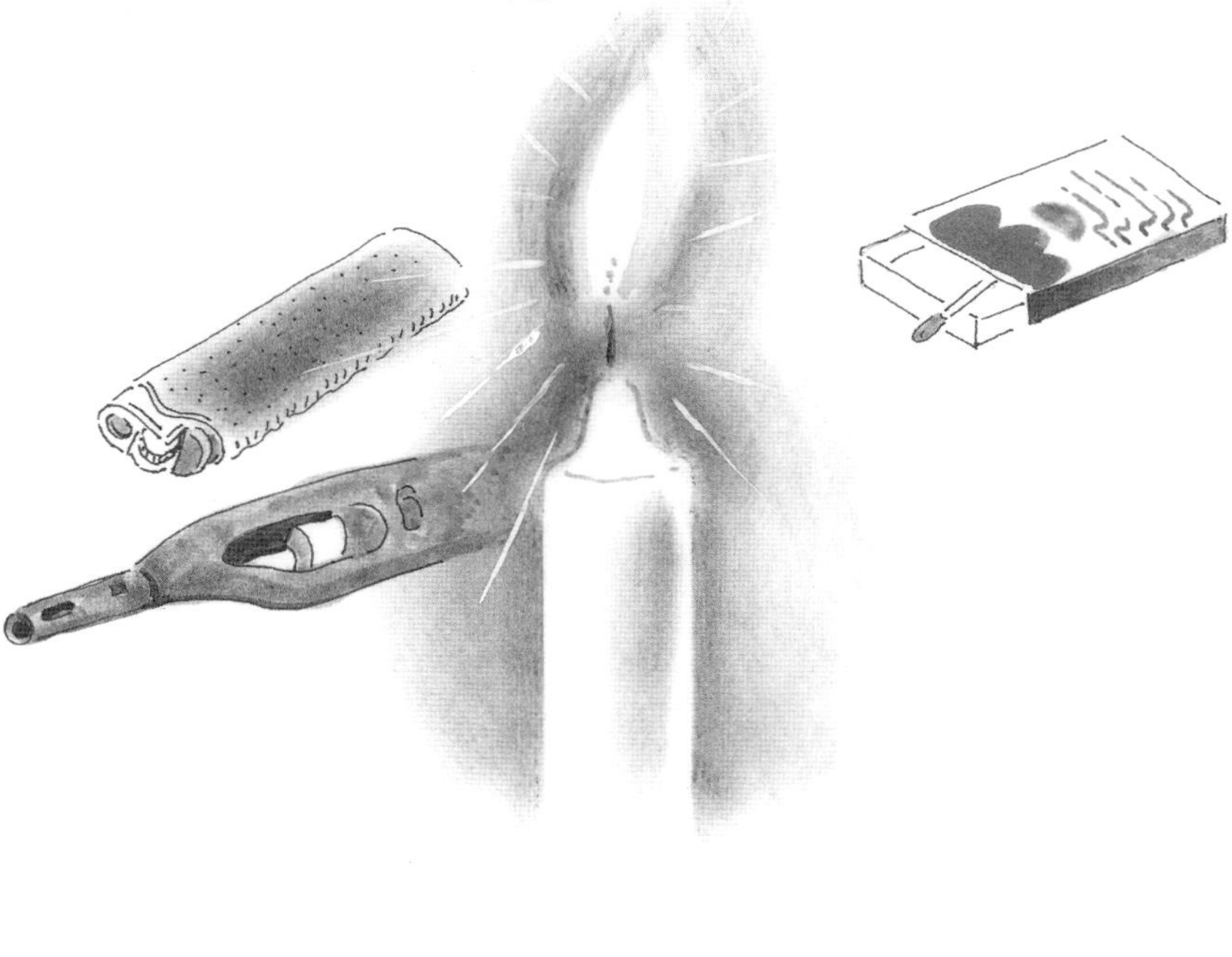

歩幅《ほはば》

お年寄《としより》の歩《ある》くはやさは
ゆっくりで
私《わたし》は歩くのがはやいから
ゆっくり歩幅を合《あ》わせます
そうしていると
おしゃべりに花《はな》が咲《さ》きます

自転車《じてんしゃ》で走《はし》るとはやいけど
道《みち》ばたに咲いている
小《ちい》さなたんぽぽを
見《み》つけられません

ゆっくり歩くと
今まで見えなかったものが
たくさん見えてきます

刺《し》しゅう

クロスステッチで
一針一針《ひとはりひとはり》
ていねいに
作品《さくひん》を仕上《しあ》げていく
誰《だれ》かにプレゼントする時《とき》は
その人《ひと》が幸《しあわ》せになることを
願《ねが》いながら

一針一針に
祈《いの》りを込《こ》めて
さしていく

刺しゅうは根気《こんき》が
いるけれども

出来上《できあ》がった時の達成感《たっせいかん》と
プレゼントした人の
喜《よろこ》ぶ顔《かお》を見《み》ることが
私《わたし》の楽《たの》しみだ

図書館《としょかん》

もう夏休《なつやす》みが始《はじ》まって
図書館には
子《こ》どもたちがいっぱい
私《わたし》はそれを見《み》ながら
絵本《えほん》を借《か》りる

たくさんあって
どれにしようか迷《まよ》うけど

出会《であ》った本とは
すぐに友達《ともだち》になれる

詩《し》も借りる
金子《かねこ》みすゞさん
まど・みちおさん

図書館ではたくさんの人々《ひとびと》に出会える

過去《かこ》の人々
そして今《いま》を生《い》きている
人たちと

なんか書《か》いて

93歳《さい》で亡《な》くなったおじいちゃん
クリスマスカードを持《も》って会《あ》いに行《い》ったとき
カードに何《なに》も書いていなかったので
私《わたし》に「なんか書いて」と言ったおじいちゃん

私が筆《ふで》まめで
詩《し》を書いたり、創作童話《そうさくどうわ》を書いたりしていたことを
心《こころ》から喜《よろこ》んでいた

おじいちゃん

私の詩を読《よ》んで
「ゆみちゃんの詩は、金子《かねこ》みすゞさんと
似《に》ているよ」と言って
ラジオ深夜便《しんやびん》の金子みすゞさんの記事《きじ》を
読ませてくれたおじいちゃん

「なんか書いて」と、いつも私の心《こころ》の中《なか》で
励《はげ》ましてくれている気《き》がする

おじいちゃんの声

処女出版によせて

こやま峰子

1899年、南フランスで生まれた詩人フランシス・ポンジュは私の心に息づく詩の泉。常に涸れずにポエジーの源、言葉の水を届けてくれる。彼は身の回りの小動物〈かたつむり〉〈貝〉〈牡蠣〉や物たち〈オレンジ〉〈ろうそく〉〈籠〉〈パン〉等を瑞々しく綴る。彼は密やかに明快に物と言葉を近づけようと力を注ぐ。

長い詩歴にかかわらず、日本ではあまり知られていないが、ジャン＝ポール　サルトルは熱意あるポンジュ論『人間ともの』を書く。

第二散文詩集『物の味方』（阿部弘一訳・思潮社刊）は1974年発行第3刷の著書が手元にある。

『物の味方』のなかに「水について」という文がある。

私より低いところに、つねに

私より低いところに、水はある。

それをみるために、必ず
私は眼を下に向ける。まるで、
地面か、地面の一部か、
地面の変化でもみるように。

水は、透明できらきら光る。
形をもたず、新鮮であり、
受動的であるのに、
自分のただひとつの悪癖には
かたくなに閉じこもっている。
それは重さということであって、
その悪癖を満足させるために、
水は、迂回し、浸透し、浸食し、惨潤し、
数々の奇妙な手段を弄する。

以下略。

はやし　ゆみの作品を読んだ時、ポンジュの匂いを感じた。たぶん、彼女はポンジュの存在を知らないだろう。読んだことのない作品に細い糸で繋がっていることが嬉しい。宇宙が同じというのが楽しい。ポンジュの秘めやかさを、はやしさんの中に見つけだすことができる。

はやしさんもポンジュも下を向いて観察し感受し表現する。

空の鳥

下を向いて歩いていると
空の上から鳥の鳴き声がする

フッとみあげるその瞬間
私の心は空にある

下を向いて歩いていると
だんだんと気分が落ち込んでくる

でも、上を見上げると
その瞬間
私の気分は、変わって上を向く
高い所にいる鳥は
下を向く私たち人間を
空から呼びかけてくれる

まるで、天使のように

はやしさんの作品には、読者が彼女の言葉に耳を傾けたくなるような誘い水の風の道がある。彼女は、まだまだ若い。これから言葉の道を極めてほしい。楽しんでほしい。ここには他に代えがたい創作の喜びがある。この喜びと苦しみを糧に豊かな人生を歩いてほしいと祈るばかり。

出版、おめでとうございます。

あとがき

今まで、読む側にいた私は、現在、処女詩集の出版に夢中。

まさに夢の中にいる心地。

自分自身、信じられない気持ちでいっぱい。

夢心地の日々を過ごしている。

初めて詩を書きだしたのは中学生になった頃だと思う。誰かに指導されたわけではない。きちんと勉強したのはごく最近のこと。日本児童文芸家協会に研究会員として入会し、こやま峰子先生に添削指導をして頂く。

私の詩は、その折に感じたことを素直に書く。今までは、感じたことを書くだけだったけれど、出版ということになった時、初めて、読んでくれる人のことを考えるようになった。読み手の若い人がどのように受け止めてくれるのかを思いめぐらすのは楽しいし、一抹の不安もある。書くという作業は自分の気持ちを綴るだけでなく、他者へのメッセージが大切なことをひしひしと思う。

こやま先生がメッセージを大切にしておられることが次第に分かってきた気がする。

今回の詩集の出版にあたり、引っ込み思案の私を励まし続けてくださったこやま峰子先生、こやま先生の紹介で絵を描いて下さった渡辺あきおさん、銀の鈴社の柴崎さん、西野さん、そして、心配しながらも支えてくれた両親に心より感謝を申し上げます。

はやし　ゆみ

著者紹介

詩・はやし　ゆみ

兵庫県尼崎市出身
甲南女子大学文学部日本語日本文学科卒業
甲南女子大学大学院中退
日本児童文芸家協会研究会員
こやま峰子氏に師事

絵・渡辺あきお（本名　渡辺秋夫）

福島県三春町出身。アニメーションの仕事を経て、TBSテレビ“まんが日本昔ばなし”の美術背景を描く。その後、絵本や童話の絵を描く。主な作品に『ゴリラのパンやさん』（金の星社）『心に残る日本の愛唱歌』（東京書籍）など多数ある。版画の制作をしながら、動物たちのおしゃべりの様子を豊かに表現している。

NDC911
神奈川　銀の鈴社　2017
96頁　21cm（わたしはきっと小鳥）

ジュニアポエムシリーズ　266
2017年2月3日初版発行
本体1,600円＋税
わたしはきっと小鳥
著　　者　はやし　ゆみ©　絵・渡辺あきお©
発 行 者　柴崎聡・西野真由美
編集発行　㈱銀の鈴社 TEL 0467-61-1930　FAX 0467-61-1931
〒248-0005　神奈川県鎌倉市雪ノ下3-8-33
http://www.ginsuzu.com
E-mail info@ginsuzu.com
ISBN978－4－86618－001－4　C8092
落丁・乱丁本はお取り替え致します
印刷　電算印刷
製本　渋谷文泉閣

…ジュニアポエムシリーズ…

1 鈴木敏史・詩集 宮下琢郎・絵 星の美しい村 ★☆
2 小池知子・詩集 高志孝子・絵 おにわいっぱいぼくのなまえ ★☆
3 鶴岡千代子・詩集 武田淑子・絵 白い虹 児文芸新人賞
4 楠木しげお・詩集 久保雅勇・絵 カワウソの帽子
5 津坂治男・詩集 垣内美穂・絵 大きくなったら ★◇
6 後藤れい子・詩集 山本まつ子・絵 あくたれぼうずのかぞえうた
7 北村蔦子・詩集 柿本幸造・絵 あかちんらくがき
8 吉田瑞穂・詩集 吉田翠・絵 しおまねきと少年 ★⊠◎
9 新川和江・詩集 葉祥明・絵 野のまつり ★☆
10 阪田寛夫・詩集 織茂恭子・絵 夕方のにおい ★◆☆○
11 高田敏子・詩集 若山憲・絵 枯れ葉と星 ★☆
12 原田直友・詩集 吉田翠・絵 スイッチョの歌 ★◎
13 小林純一・詩集 久保雅勇・絵 茂作じいさん ★●◉☆◎
14 谷川俊太郎・詩集 長新太・絵 地球へのピクニック ★◎
15 与田準一・詩集 深沢省三・絵 深沢紅子・絵 ゆめみることば ★
16 岸田衿子・詩集 中谷千代子・絵 だれもいそがない村
17 江間章子・詩集 榊原直美・絵 水と風 ◇◎
18 原田直友・詩集 小野まり・絵 虹―村の風景― ★
19 福田正夫・詩集 福田達夫・絵 星の輝く海 ★☆
20 草野心平・詩集 長野ヒデ子・絵 げんげと蛙 ★☆○◇
21 宮田滋子・詩集 青木まさる・絵 手紙のおうち ☆○
22 久保田昭三・詩集 斎藤彬子・絵 のはらでさきたい
23 鶴岡千代子・詩集 加倉井和夫・絵 武田淑子・絵 白いクジャク ★●
24 尾上尚子・詩集 まど・みちお・絵 そらいろのビー玉 ★☆ 児文協新人賞
25 水上紅・詩集 深沢紅子・絵 私のすばる ☆
26 野呂昶・詩集 福島一二三・絵 おとのかだん ★
27 こやま峰子・詩集 武田淑子・絵 さんかくじょうぎ ☆
28 青戸かいち・詩集 駒宮録郎・絵 ぞうの子だって
29 まきたかし・詩集 福田達夫・絵 いつか君の花咲くとき ★☆♡
30 薩摩忠・詩集 駒宮録郎・絵 まっかな秋 ★☆♡
31 新川和江・詩集 福島一二三・絵 ヤァ！ヤナギの木 ★☆○♡
32 井上靖・詩集 駒宮録郎・絵 シリア沙漠の少年 ★☆♡
33 古村徹三・詩・絵 笑いの神さま
34 江上波夫・詩集 青空風太郎・絵 ミスター人類 ○☆
35 秋原秀夫・詩集 鈴木義治・絵 風の記憶 ★◎
36 水村三千夫・詩集 武田淑子・絵 鳩を飛ばす
37 久冨純江・詩集 渡辺安芸夫・絵 風車 クッキングポエム
38 日野生三・詩集 吉野晃希男・絵 雲のスフィンクス ★
39 佐藤雅子・詩集 佐藤太清・絵 広瀬きよみ・絵 五月の風 ★
40 小黒恵子・詩集 武田淑子・絵 モンキーパズル ★
41 木村信子・詩集 山本典子・絵 でていった
42 中野栄子・詩集 吉田翠・絵 風のうた ☆
43 宮田滋子・詩集 牧村慶子・絵 絵をかく夕日 ★
44 大久保ティ子・詩集 渡辺安芸夫・絵 はたけの詩 ★☆
45 秋原秀夫・詩集 赤星亮衛・絵 ちいさなともだち ♥

☆日本図書館協会選定（2015年度で終了）　●日本童謡賞　♧岡山県選定図書　◇岩手県選定図書
★全国学校図書館協議会選定（SLA）　♡日本子どもの本研究会選定　◆京都府選定図書
□少年詩賞　■茨城県すいせん図書　♥秋田県選定図書　⊠芸術選奨文部大臣賞
○厚生省中央児童福祉審議会すいせん図書　♣愛媛県教育会すいせん図書　◉赤い鳥文学賞　◆赤い靴賞

…ジュニアポエムシリーズ…

46 日友靖子詩集 藤城清治・安西明美・絵 猫曜日だから ◆☆
47 秋葉てる代詩集 武田淑子・絵 ハープムーンの夜に ♡
48 こやま峰子詩集 山本省三・絵 はじめのいーっぽ ★♡
49 黒柳啓子詩集 金子滋・絵 砂かけ狐 ♡
50 三枝ますみ詩集 武田淑子・絵 ピカソの絵 ☆♡●
51 夢虹二詩集 武田淑子・絵 とんぼの中にぼくがいる ♡○♥
52 はたちよしこ詩集 まど・みちお・絵 レモンの車輪 □♧
53 大岡信詩集 葉祥明・絵 朝の頌歌 ★☆♡♥◎
54 吉田瑞穂詩集 吉田翠・絵 オホーツク海の月 ★☆♡
55 さとう恭子詩集 村上保・絵 銀のしぶき ★☆♡
56 星乃ミミナ詩集 葉祥明・絵 星空の旅人 ★☆♡
57 葉祥明詩・絵 ありがとう そよ風 ★♡▲
58 青戸かいち詩集 初山滋・絵 双葉と風
59 小野ルミ詩集 和田誠・絵 ゆきふるるん ★☆●♡
60 なぐもはるき詩・絵 たったひとりの読者 ★♡♧

61 小関秀夫詩集 小倉玲子・絵 風《かざ》栞《しおり》 ★♡♥
62 海沼松世詩集 守下さおり・絵 かげろうのなか ☆♡
63 山本龍生詩集 小倉玲子・絵 春行き一番列車 ♡
64 小泉周二詩集 深沢省三・絵 こもりうた ★☆♡
65 かわてせいぞう詩集 若山憲・絵 野原のなかで ♡★♥
66 えぐちまき詩集 赤星亮衛・絵 ぞうのかばん ♡◆♥
67 池田あきつ詩集 小倉玲子・絵 天気雨 ♡
68 藤井則行詩集 君島美知子・絵 友へ ♡♤
69 藤哲生詩集 武田淑子・絵 秋いっぱい ★♠
70 日友靖子詩集 深沢紅子・絵 花天使を見ましたか ★
71 吉田瑞穂詩集 吉田翠・絵 はるおのかきの木 ★
72 小島禄琅詩集 中村陽子・絵 海を越えた蝶 ☆★♥♡
73 にしおまさこ詩集 杉田幸子・絵 あひるの子 ★
74 山下竹二詩集 徳田徳志芸・絵 レモンの木 ★
75 高崎乃理子詩集 奥山英俊・絵 おかあさんの庭 ★♡

76 檜きみこ詩集 広瀬弦・絵 しっぽいっぽん ★●□☆♡
77 たかはしけいこ詩集 高田三郎・絵 おかあさんのにおい ♡♣□
78 星乃ミミナ詩集 深澤邦朗・絵 花かんむり ♥☆♡
79 佐藤照雄詩集 津波信久・絵 沖縄 風と少年 ☆♡★
80 相馬梅子詩集 やなせたかし・絵 真珠のように ♥★
81 小島禄琅詩集 深沢紅子・絵 地球がすきだ ★
82 鈴木美智子詩集 黒澤梧郎・絵 龍のとぶ村 ◇★♥
83 いがらしれいこ詩集 高田三郎・絵 小さなてのひら ☆
84 宮入黎子詩集 小倉玲子・絵 春のトランペット ☆★
85 下田喜久美詩集 方振寧・絵 ルビーの空気をすいました ☆
86 野呂昶詩集 方振寧・絵 銀の矢ふれふれ ★
87 ちよはらまちこ詩集 ちよはらまちこ・絵 パリパリサラダ ★
88 秋原秀夫詩集 徳田徳志芸・絵 地球のうた ☆★
89 中島あやこ詩集 井上緑・絵 もうひとつの部屋 ★
90 藤川こうのすけ詩集 葉祥明・絵 こころインデックス ☆

✼サトウハチロー賞　✣毎日童謡賞　♠奈良県教育研究会すいせん図書
☼三木露風賞　❄北海道選定図書　✿三越左千夫少年詩賞
♤福井県すいせん図書　⟐静岡県すいせん図書
▲神奈川県児童福祉審議会推薦優良図書　◎学校図書館図書整備協会選定図書（SLBA）

…ジュニアポエムシリーズ…

No.	著者	書名	印
91	新井 和詩集 高田 三郎・絵	おばあちゃんの手紙	☆★
92	はなわたえこ詩集 えばとかつこ・絵	みずたまりのへんじ	★●
93	柏木恵美子詩集 武田 淑子・絵	花のなかの先生	☆
94	中原千津子詩集 寺内 直美・絵	鳩への手紙	★
95	高瀬美代子詩集 小倉 玲子・絵	仲なおり	★
96	杉本深由起詩集 若山 憲・絵	トマトのきぶん	☆★◎ 児文芸 新人賞
97	宍倉さとし詩集 守下さおり・絵	海は青いとはかぎらない	♧
98	石井 英行詩集 有賀 忍・絵	おじいちゃんの友だち	■
99	なかのひろ詩集 アサト・シェラ・絵	とうさんのラブレター	☆★
100	小松 静江詩集 藤川 秀之・絵	古自転車のバットマン	
101	石原 一輝詩集 加藤 真夢・絵	空になりたい	☆❖★
102	小泉 周二詩集 西 真里子・絵	誕生日の朝	☆■★
103	くすのきしげのり童謡 わたなべあきお・絵	いちにのさんかんび	☆★
104	成本 和子詩集 小倉 玲子・絵	生まれておいで	☆★❖♡♧
105	伊藤 政弘詩集 小倉 玲子・絵	心のかたちをした化石	★
106	川崎 洋子詩集 井戸 妙子・絵	ハンカチの木	□★☆
107	柘植 愛子詩集 油野 誠一・絵	はずかしがりやのコジュケイ	❖
108	新谷智恵子詩集 葉 祥明・絵	風をください	☆◈◌●♡✣
109	金親 尚子詩集 牧 進・絵	あたたかな大地	☆
110	黒柳 啓子詩集 吉田 翠・絵	父ちゃんの足音	☆★♡□
111	富田 栄子詩集 油野 誠一・絵	にんじん笛	♡☆
112	原 国子詩集 高畠 純・絵	ゆうべのうちに	☆
113	宇部 京子詩集 スズキコージ・絵	よいお天気の日に	○□●☆◇★
114	武鹿 悦子詩集 牧野 鈴子・絵	お花見	☆□
115	山本なおこ詩集 梅田 俊作・絵	さりさりと雪の降る日	☆★
116	小林比呂古詩集 おおた慶文・絵	ねこのみち	☆
117	後藤れい子詩集 渡辺あきお・絵	どろんこアイスクリーム	☆
118	重清 良吉詩集 高田 三郎・絵	草の上	☆□❀◆★
119	宮中 雲子詩集 西 真里子・絵	どんな音がするでしょか	✲★
120	前山 敬子詩集 若山 憲・絵	のんびりくらげ	☆★
121	川端 律子詩集 若山 憲・絵	地球の星の上で	♡
122	たかはしけいこ詩集 織茂 恭子・絵	とうちゃん	♡❀♣★
123	宮田 滋子詩集 深澤 邦朗・絵	星の家族	☆●
124	国沢たまき詩集 唐沢 静・絵	新しい空がある	
125	池田あきつ詩集 小倉 玲子・絵	かえるの国	★
126	黒田 恵子詩集 倉島千賀子・絵	ボクのすきなおばあちゃん	☆★♡
127	垣内 磯子詩集 宮崎 照代・絵	よなかのしまうまバス	☆♡★
128	小泉 周二詩集 佐藤 平八・絵	太陽へ	❀★●☆♡
129	中島 和子詩集 秋里 信子・絵	青い地球としゃぼんだま	☆★
130	のろさかん詩集 福島 一二三・絵	天のたて琴	☆
131	加藤 丈夫詩集 葉 祥明・絵	ただ今 受信中	☆★
132	北原 悠子詩集 深沢 紅子・絵	あなたがいるから	♡
133	池田もと子詩集 小倉 玲子・絵	おんぷになって	♡
134	鈴木 初江詩集 吉田 翠・絵	はねだしの百合	★
135	垣内 磯子詩集 今井 俊・絵	かなしいときには	★

△長野県教育委員会すいせん図書　✡㈶日本動物愛護協会推薦図書
◈茨城県推奨図書

…ジュニアポエムシリーズ…

- 136 秋葉てる代詩集　やなせたかし・絵　おかしのすきな魔法使い　●★
- 137 青戸かいち詩集　永田萠・絵　小さなさようなら　⊛★
- 138 柏木恵美子詩集　高田三郎・絵　雨のシロホン　♡★
- 139 藤井則行詩集　阿見みどり・絵　春だから　♡★◎
- 140 黒田勲子詩集　山中冬児・絵　いのちのみちを
- 141 南郷芳明詩集　的場豊子・絵　花時計
- 142 やなせたかし詩・絵　生きているってふしぎだな
- 143 内田麟太郎詩集　斎藤隆夫・絵　うみがわらっている
- 144 しまざきふみ詩集　島崎奈緒・絵　こねこのゆめ　♡
- 145 糸永えつこ詩集　武井武雄・絵　ふしぎの部屋から　♡
- 146 石坂きみこ詩集　鈴木英二・絵　風の中へ　♡
- 147 坂本のこ詩集　坂本こう・絵　ぼくの居場所　♡
- 148 島村木綿子詩・絵　森のたまご　⊛
- 149 楠木しげお詩集　わたせせいぞう・絵　まみちゃんのネコ　★
- 150 牛尾良子詩集　上矢津・絵　おかあさんの気持ち　♡
- 151 三越左千夫詩集　阿見みどり・絵　せかいでいちばん大きなかがみ　★
- 152 水村三千夫詩集　高見八重子・絵　月と子ねずみ
- 153 川越文子詩集　横松桃子・絵　ぼくの一歩　ふしぎだね　★
- 154 すずきゆかり詩集　葉祥明・絵　まっすぐ空へ
- 155 西田純詩集　葉祥明・絵　木の声　水の声
- 156 清野倭文子詩集　水科舞・絵　ちいさな秘《ひ》密《みっ》
- 157 川奈静詩集　直江みちる・絵　浜ひるがおはパラボラアンテナ　★◎
- 158 若木良水詩集　西真里子・絵　光と風の中で
- 159 牧陽子詩集　渡辺あきお・絵　ねこの詩　★◎
- 160 宮田滋子詩集　阿見みどり・絵　愛　一輪　★◎
- 161 井上灯美子詩集　唐沢静・絵　ことばのくさり　☆●
- 162 滝波万理子詩集　滝波裕子・絵　みんな王《おう》様《さま》　★●
- 163 冨岡みち詩集　関口コオ・絵　かぞえられへん　せんぞさん　★
- 164 垣内磯子詩集　辻恵子・切り絵　緑色のライオン　★◎
- 165 すぎもとれいこ詩集　平井辰夫・絵　ちょっといいことあったとき　★
- 166 岡田喜代子詩集　おぐらひろかず・絵　千年の音　★☆◎
- 167 川奈静詩集　直江みちる・絵　ひもの屋さんの空　★◎☆♥♡
- 168 鶴岡千代子詩集　武田淑子・絵　白い花火　★☆
- 169 井上灯美子詩集　唐沢静・絵　ちいさい空をノックノック　★◎☆
- 170 尾崎杏子詩集　ひなた山すじゅう郎・絵　海辺のほいくえん　☆♡★◎
- 171 柘植愛子詩集　やなせたかし・絵　たんぽぽ線路　☆♡★◎●
- 172 小林比呂古詩集　うめざわのりお・絵　横須賀スケッチ　☆★◎♡▲
- 173 林佐知子詩集　串田敦子・絵　きょうという日　☆★◎♡▲
- 174 後藤基宗子詩集　岡澤由紀子・絵　風とあくしゅ　☆♥★◎♡
- 175 土屋律子詩集　高瀬のぶえ・絵　るすばんカレー　☆♡★◎▲
- 176 三輪アイ子詩集　深沢邦朗・絵　かたぐるましてよ　★☆♡
- 177 田辺瑞美子詩集　西真里子・絵　地球賛歌　☆★◎
- 178 高瀬美代子詩集　小倉玲子・絵　オカリナを吹く少女　☆♡
- 179 中野惠子詩集　串田敦子・絵　コロポックルでておいで　★♡☆●
- 180 松井節子詩集　阿見みどり・絵　風が遊びにきている　★☆♡▲

…ジュニアポエムシリーズ…

181 新谷智恵子詩集 徳田徳志芸・絵 とびたいペンギン 佐世保文学賞 ♡★◎ ▲
182 牛尾良子詩集 牛尾征治・写真 庭のおしゃべり ♡★◎
183 三枝ますみ詩集 髙見八重子・絵 サバンナの子守歌 ☆★
184 佐藤雅子詩集 佐藤太清 菊池治子・絵 空の牧《まき》場《ば》 ☆★♡ ■◎◈
185 山内弘子詩集 おぐらひろかず・絵 思い出のポケット ♡★●
186 山内弘子詩集 阿見みどり・絵 花の旅人 ♡★▲
187 原国子詩集 牧野鈴子・絵 小鳥のしらせ ♡★△ ◎
188 人見敬子詩・絵 方《はこ》舟《ぶね》地球号 —いのちは元気— ♡★◎
189 林佐知子詩集 串田敦子・絵 天にまっすぐ ★☆♡ ◎
190 小臣富子詩集 渡辺あきお・絵 わんさかわんさかどうぶつさん ✡♡★ ◎
191 川越文子詩集 かまだちえみ・写真 もうすぐだからね ♡★◎
192 永田喜久男詩集 武田淑子・絵 はんぶんごっこ ☆★◎ ♡
193 吉田房子詩集 大和田明代・絵 大地はすごい ★◎♡
194 石井春香詩集 髙見八重子・絵 人魚の祈り ★♡
195 石原一輝詩集 小倉玲子・絵 雲のひるね ♡

196 たかはしけいこ詩集 髙橋敏彦・絵 そのあと ひとは ★
197 宮田滋子詩集 おおた慶文・絵 風がふく日のお星さま ★♡◎
198 渡辺恵美子詩集 つるみゆき・絵 空をひとりじめ ★♡●
199 宮中雲子詩集 西真里子・絵 手と手のうた ★
200 杉本深由起詩集 太田大八・絵 漢字のかんじ ★♡✿
201 井上灯美子詩集 唐沢静・絵 心の窓が目だったら ★♡
202 峰松晶子詩集 おおた慶文・絵 きばなコスモスの道 ★♡
203 高橋文子詩集 山中桃子・絵 八丈太鼓 ★♡
204 長野貴子詩集 武田淑子・絵 星座の散歩 ★♡
205 江口正子詩集 髙見八重子・絵 水の勇気 ♡☆★
206 藤本美智子詩・絵 緑のふんすい ☆♡★
207 林佐知子詩集 串田敦子・絵 春はどどど ♡★◎
208 小関秀夫詩集 阿見みどり・絵 風のほとり ☆♡★
209 宗美津子詩集 宗信寛・絵 きたのもりのシマフクロウ ♡★
210 かわてせいぞう詩集 髙橋敏彦・絵 流れのある風景 ☆♡★

211 土屋律子詩集 高瀬のぶえ・絵 ただいまぁ ★♡☆ ◎
212 永田喜久男詩集 武田淑子・絵 かえっておいで ☆♡★
213 みたみちこ詩集 牧進・絵 いのちの色 ♡★
214 糸永えつこ詩集 糸永わかこ・絵 母です 息子です おかまいなく ♡☆★
215 宮田滋子詩集 武田淑子・絵 さくらが走る ♡☆★ ●
216 柏木恵美子詩集 吉野晃希男・絵 ひとりぼっちの子クジラ ♡★◎
217 江口正子詩集 髙見八重子・絵 小さな勇気 ♡☆★
218 井上灯美子詩集 唐沢静・絵 いろのエンゼル ★♡
219 中島あやこ詩集 日向山寿十郎・絵 駅伝競走 ★☆♡
220 高橋孝治詩集 髙見八重子・絵 空の道 心の道 ★♡
221 江口正子詩集 日向山寿十郎・絵 勇気の子 ♡☆★
222 宮田滋子詩集 牧野鈴子・絵 白鳥よ ☆★
223 井上良子詩集 銅版画 太陽の指環 ★
224 川越文子詩集 山中桃子・絵 魔法のことば ♡☆★
225 西本みさこ詩集 上司かのん・絵 いつもいっしょ ☆♡

ジュニアポエムシリーズは、子どもにもわかる言葉で真実の世界をうたう個人詩集のシリーズです。

本シリーズからは、毎回多くの作品が教科書等の掲載詩に選ばれており、1974年以来、全国の小・中学校の図書館や公共図書館等で、長く、広く、読み継がれています。

心を育むポエムの世界。

一人でも多くの子どもや大人に豊かなポエムの世界が届くよう、ジュニアポエムシリーズはこれからも小さな灯をともし続けて参ります。

226 おばらいちこ詩集 高見八重子・絵 ぞうのジャンボ ☆★♡
227 吉田房子詩集 本田あまね・絵 まわしてみたい石臼 ★♡
228 吉田房子詩集 阿見みどり・絵 花 詩 集 ★♡◎
229 田中たみ子詩集 唐沢静・絵 へこたれんよ ★◎
230 林佐知子詩集 串田敦子・絵 この空につながる ★♡
231 藤本美智子 詩・絵 心のふうせん ★♡
232 火星雅範詩集 西川律子・絵 ささぶねうかべたよ ★♡▲
233 吉田房子詩集 岸田歌子・絵 ゆりかごのうた ★♡
234 むらかみみちこ詩集 むらかみみちこ むらかみあくる・絵 風のゆうびんやさん ★♡
235 白谷玲花詩集 阿見みどり・絵 柳川白秋めぐりの詩 ★♡
236 ほさかとしこ詩集 内山つとむ・絵 神さまと小鳥 ★☆♡
237 内田麟太郎詩集 長野ヒデ子・絵 まぜごはん ☆★◎♡▲
238 小林比呂古詩集 出口雄大・絵 きりりと一直線 ♡★
239 牛尾良子詩集 おぐらひろかず・絵 うしの土鈴とうさぎの土鈴 ★◎♡
240 山本純子詩集 ルイコ・絵 ふ ふ ふ ★♡☆◎

241 神田亮 詩・絵 天使の翼 ★☆♡
242 かんざわみえ詩集 阿見みどり・絵 子供の心大人の心さ迷いながら ☆★◎▲
243 永田喜久男詩集 内山つとむ・絵 つながっていく ★☆♡
244 浜野木碧 詩・絵 海原散歩 ☆★◎♡
245 やまうち・しゅうへい詩集 山本省三・絵 風のおくりもの ☆★◎♡
246 すぎもとれいこ 詩・絵 てんきになあれ ★◎
247 冨岡みち詩集 加藤真夢・絵 地球は家族 ひとつだよ ♡☆◎★
248 北野千賀詩集 滝波裕子・絵 花束のように ♡☆★◎
249 石原一輝詩集 加藤真夢・絵 ぼくらのうた ♡★◎
250 土屋律子詩集 高瀬のぶえ・絵 まほうのくつ ♡☆★◎
251 津坂治男詩集 井上良子・絵 白い太陽 ☆♡★◎
252 石井英行詩集 よしだちなつ・表紙絵 野原くん ☆★♡◎
253 井上灯美子詩集 唐沢静・絵 たからもの ☆♡★
254 大竹典子詩集 加藤真夢・絵 おたんじょう ☆★
255 たかはしけいこ詩集 織茂恭子・絵 流れ星 ★

256 谷川俊太郎詩集 下田昌克・絵 そして ♡★
257 なんば・みちこ詩集 布下満・絵 トックントックン 大空で大地で ★
258 宮本美智子詩集 阿見みどり・絵 夢の中に そっと ★
259 成本和子詩集 阿見みどり・絵 天使の梯子
260 海野文音詩集 牧野鈴子・絵 ナンドデモ
261 熊谷本郷詩集 永田萠・絵 かあさん かあさん
262 大楠翠詩集 吉野晃希男・絵 おにいちゃんの紙飛行機
263 久保恵子詩集 たかせちなつ・絵 わたしの心は 風に舞う
264 みずかみさやか詩集 葉祥明・絵 五月の空のように
265 尾崎昭代詩集 中辻アヤ子・絵 たんぽぽの日
266 はやしゆみ詩集 渡辺あきお・絵 わたしはきっと小鳥

＊刊行の順番はシリーズ番号と異なる場合があります。

銀の小箱シリーズ

- 葉 祥明 詩・絵　小さな庭
- 若山 憲 詩・絵　白い煙突
- こばやしひろこ・詩 うめざわのりお・絵　みんななかよし
- 江口 正子・詩 油野 誠一・絵　みてみたい
- やなせたかし 詩・絵　あこがれよなかよくしよう
- 冨岡 みち・詩 関口 コオ・絵　ないしょやで
- 小林比呂古・詩 神谷 健雄・絵　花かたみ
- 小泉 周二・詩 辻 友紀子・絵　誕生日・おめでとう
- 柏原 耿子・詩 阿見みどり・絵　アハハ・ウフフ・オホホ★♡▲
- こばやしひろこ・詩 うめざわのりお・絵　ジャムパンみたいなお月さま★

すずのねえほん

- たかはしけいこ・詩 中釜浩一郎・絵　わたし★◎
- 尾上 尚子・詩 小倉 玲子・絵　ぽわぽわん
- 糸永えつこ・詩 高見八重子・絵　はるなつあきふゆもうひとつ★ 児文芸新人賞
- 山口 敦子・詩 高橋 宏幸・絵　ばあばとあそぼう
- あらい・まさはる・童謡 しのはられみ・絵　けさいちばんのおはようさん
- 佐藤 雅子・詩 佐藤 太清・絵　こもりうたのように● 日本童謡賞　美しい日本の12ヵ月
- 柏木 隆雄・詩 やなせたかし他・絵　かんさつ日記★♡

アンソロジー

- 渡辺 浦人・編 村上 保・絵　赤い鳥 青い鳥●
- わたげの会・編 渡辺あきお・絵　花ひらく★
- 木曜会・編 西 真里子・絵　いまも星はでている★
- 木曜会・編 西 真里子・絵　いったりきたり♡
- 木曜会・編 西 真里子・絵　宇宙からのメッセージ
- 木曜会・編 西 真里子・絵　地球のキャッチボール★◎
- 木曜会・編 西 真里子・絵　おにぎりとんがった☆★◎
- 木曜会・編 西 真里子・絵　みぃーつけた♡★◎
- 木曜会・編 西 真里子・絵　ドキドキがとまらない
- 木曜会・編 西 真里子・絵　神さまのお通り★
- 木曜会・編 西 真里子・絵　公園の日だまりで★♡
- 木曜会・編 西 真里子・絵　ねこがのびをする♡

掌の本　アンソロジー

こころの詩Ⅰ
しぜんの詩Ⅰ
いのちの詩Ⅰ
ありがとうの詩Ⅰ
詩集　希望
詩集　家族
いのちの詩集―いきものと野菜
ことばの詩集―方言と手紙
詩集―夢・おめでとう
詩集―ふるさと・旅立ち

心に残る本を　そっとポケットに　しのばせて…
・A7判（文庫本の半分サイズ）　・上製、箔押し